Björn Gemmer

Kreativität

– fit in 30 Minuten

W0229304

Kids auf der Überholspur

Die deutsche Bibliothek – CIP-Einheitsaufnahme

Ein Titeldatensatz für diese Publikation ist bei
Der Deutschen Bibliothek erhältlich.

Herausgeber: Das LernTeam, Marburg
Lektorat: Hille & Schäfer, Freiburg
Illustrationen, Titel und Layout: Ulf Marckwort, Kassel
Illustration Rücktitel: Martina Foßhag, Kassel
Layout, Satz: Frank Werner, Kassel
Druck und Verarbeitung: Salzland Druck, Staßfurt

© 2001: GABAL Verlag GmbH, Offenbach

Hinweis:
Dieses Buch ist sorgfältig erarbeitet worden. Dennoch erfolgen
alle Angaben ohne Gewähr. Weder Autor noch Verlag können für
eventuelle Nachteile oder Schäden, die aus den im Buch gemachten
Hinweisen resultieren, eine Haftung übernehmen.

Printed in Germany

ISBN 3-89749-193-1

Dieses Buch ist so konzipiert worden, dass du in kurzer Zeit erfährst, wie du deine Kreativität verbessern kannst.

● Jedes Kapitel beginnt mit drei zentralen Fragen, die im Verlauf des jeweiligen Kapitels beantwortet werden.

● Kleine Übungen, mit denen du deine Kreativität trainieren kannst, lassen dich immer wieder aktiv werden. Die Lösungen findest du auf Seite 60.

● Nach jedem Kapitel werden die wichtigsten Inhalte noch einmal zusammengefasst.

Da dieses Buch so klar und deutlich strukturiert ist, kannst du es immer wieder zur Hand nehmen, um schnell die für dich interessanten Teile zu wiederholen. Das Stichwortregister wird dir dabei eine zusätzliche Hilfe sein.

Inhalt

Hallo und

herzlich willkommen!

"Jeder Mensch hat die Anlage schöpferisch zu arbeiten.
Die meisten merken es nur nicht."
Truman Capote, Schriftsteller

Was Truman Capote aus seiner Erfahrung abgeleitet hat, ist mittlerweile wissenschaftlich anerkannt. Kreativität ist nicht angeboren – Kreativität ist erlernbar. Auch du kannst kreativ sein, wenn du deine kreative Ader aufspürst und an deiner Kreativität arbeitest.

Bisher hast du dir kreative Menschen vielleicht als Lebenskünstler vorgestellt, die bis tief in den Tag hinein schlafen, im Chaos leben und chaotisch denken. Tatsächlich werden kreative Menschen oft als Außenseiter dargestellt, die zwar genial, aber irgendwie auch seltsam sind.
Doch du musst diese Klischees nicht erfüllen, um kreativ zu sein, und Menschen, die die oben genannten Eigenschaften besitzen, sind auch nicht automatisch kreativ.

Gute Designer und Ingenieure, die neue Produkte entwickeln, erfolgreiche Architekten, die schöne und zweckmäßige Häuser entwerfen, gefragte Texter, die witzige Werbeslogans erstellen, angesehene Forscher, die wichtige neue Erkenntnisse gewinnen, oder bekannte Journalisten und Schriftsteller, die fesselnde Artikel oder Romane schreiben, zeichnen sich in erster Linie dadurch aus, dass sie ihr „Handwerk" verstehen. Sie haben meist eine gute Ausbildung genossen und arbeiten hart für ihre kreativen Produkte. Aber sie wenden auch geschickte Techniken an, um sich selbst kreative Ideen zu entlocken.

In diesem Buch erfährst du,
- was du über Kreativität wissen musst,
- wie du vorgehen solltest, um die Voraussetzungen für kreative Leistungen zu schaffen, und
- welche Techniken und Maßnahmen es gibt, um einfacher kreative Ergebnisse zu erzielen.

Die Ratschläge und Tipps, die ich dir in diesem Zusammenhang gebe, beziehen sich konkret auf deine Arbeit für die Schule und sollen dir helfen, die neuen Erkenntnisse direkt umzusetzen.

Viel Spaß und Erfolg wünscht dir

Björn Gemmer
(www.lernteam.de)

1. Was ist Kreativität?

Wie sehr nutzt du dein kreatives Potential?

Was versteht man unter „Kreativität"?

Wie verläuft ein kreativer Prozess?

„Es ist wirklich erstaunlich, was einem alles einfällt, wenn man am Schreibtisch sitzt und keine Einfälle hat."
Johannes Conrad, Schriftsteller

Du kennst sicher solche Situationen, in denen dir dringend der Lösungsansatz einer Matheaufgabe einfallen sollte oder dir die ersten Zeilen eines Briefs, eines Aufsatzes oder einer Kurzgeschichte einfach nicht in den Sinn kommen wollen. Stattdessen gehen deine Gedanken auf Reisen und dir geht alles Mögliche durch den Kopf.

Kreativität ist sicher mehr als ein paar nette Einfälle zu haben. Doch was genau verlangt man von dir, wenn du kreativ sein sollst? Und wie schaffen es kreative Künstler, Wissenschaftler oder Erfinder, ständig neue Ideen zu entwickeln und daraus kreative Ergebnisse zu produzieren? Zum Beispiel hat der Erfinder und Geschäftsmann Artur Fischer 5.500 Erfindungen beim Patentamt angemeldet, darunter den genial einfachen Fischer-Dübel oder das Blitzgerät für Fotoapparate. Nach welchem Plan gehen Menschen wie Artur Fischer vor?

Aufgabe

Überlege dir, noch bevor du dieses Kapitel liest, was für dich „Kreativität" bedeutet.

Wie kreativ bist du?

Kreativität lässt sich zwar nicht messen wie die Geschwindigkeit eines Pkws. Dennoch hilft dir der folgende Test, deine Kreativität besser einzuschätzen. Bewerte jede Aussage mit 3, 2, 1 oder 0 Punkten:

3 Punkte = Passt perfekt, so bin ich.

2 Punkte = Das trifft nur ungefähr auf mich zu.

1 Punkt = Manchmal ist das so bei mir.

0 Punkte = Schön wär's…

1 Wenn ich einen Aufsatz oder eine Geschichte schreibe, sprudeln die Ideen nur so aus meinem Kopf.

3 ○ 2 ● 1 ● 0 ●

2 Für meine Interpretationen von Texten oder Karikaturen werde ich immer sehr gelobt.   3 ○ 2 ● 1 ● 0 ●

3 Ein weißes Blatt im Kunstunterricht war noch nie eine Hürde für mich, um ein tolles Kunstwerk zu gestalten.

3 ○ 2 ● 1 ● 0 ●

4 Knifflige Matheaufgaben reizen mich nicht nur, ich finde auch immer eine geschickte Lösung.

3 ○ 2 ● 1 ● 0 ●

5 Wenn es irgendwo hakt oder klemmt, bin ich Improvisationskünstler.   3 ○ 2 ● 1 ● 0 ●

6 Für naturwissenschaftliche Phänomene finde ich immer eine Erklärung.   3 ○ 2 ● 1 ● 0 ●

7 In meinem Freundeskreis bin ich wegen meiner abgefahrenen Ideen sehr beliebt.   3 ● 2 ● 1 ● 0 ●

8 Ich finde immer ein spannendes Thema, über das ich mich mit anderen unterhalten kann.

3 ● 2 ● 1 ● 0 ●

9 Gute Einfälle setze ich stets in die Tat um.

3 ● 2 ● 1 ● 0 ●

Wie viele Punkte hast du erreicht?

27 bis 23 Punkte

Falls du ehrlich geantwortet hast, kann ich dir nur gratulieren: Dein Ideenreichtum ist offenbar riesig. Bei so vielen Einfällen ist es wichtig, richtig mit ihnen umzugehen, denn Prinz Charles hat Recht, wenn er sagt: *„Das Vertrackte an guten Ideen ist, dass sie meist in Arbeit ausarten."* Du solltest dieses Buch also trotzdem lesen.

22 bis 14 Punkte

Deine Kreativität ist schon recht gut ausgebildet, aber noch zu verbessern. Du solltest weiter daran arbeiten. Dieses Buch verrät dir, wie das am besten funktioniert.

14 bis 0 Punkte

Gratulation zum Kauf dieses Buches! Wenn du es sorgfältig liest und die Tipps und Ratschläge in die Tat umsetzt, wird es dir helfen, deine Kreativität zu verbessern und erfolgreicher in Schule und Privatleben zu werden.

Was bedeutet

„kreativ sein"?

„Nichts gegen Kreativität, aber müssen es denn immer gleich neue Ideen sein?" Ole Anders, Publizist

Die Antwort kennt Ole Anders vermutlich, sie lautet: *„Ja – leider"*. Der Begriff „Kreativität" kommt von dem lateinischen Wort „creare = schaffen, erschaffen". In Psychologiebüchern finden sich jedoch stets Abwandlungen dieser wörtlichen Übersetzung. Demnach ist eine Sache, eine Handlung oder eine Idee kreativ, wenn sie zwei Bedingungen erfüllt: Sie muss neuartig sein und sie muss nützlich sein.

Wann ist etwas neuartig?

Die Anwort mag für dich klar sein: Neu ist etwas, das vorher noch nicht da war. Doch so einfach ist es nicht, wie das folgende Beispiel zeigt:

Der Mathematiker Carl Friedrich Gauß bekam als Grundschüler die Aufgabe gestellt, die Zahlen 1 bis 100 zu addieren. Gauß stellte sich vor, die Zahlen seien in einer Reihe aufgeschrieben und er addierte die erste mit der letzten, die zweite mit der vorletzten usw. Das Ergebnis dieser 50 Zwischenrechnungen war stets 101, sodass Gauß rechnete: $50 \times 101 = 5.050$. So kam er sehr schnell und einfach zum richtigen Ergebnis.

Angenommen, du hättest in einem Anflug von Genialität diesen Rechenweg herausgefunden, ohne von Gauß zu wissen. Wäre deine Idee nicht mehr neu und kreativ gewesen, nur weil ein dir unbekannter Grundschüler vor über 200 Jahren genauso vorgegangen ist wie du? – Wohl kaum! Es kommt also darauf an, dass die Idee, die Handlung oder die Sache für dich persönlich neuartig ist.

Wann ist etwas nützlich?

Nützlich ist eine Sache, eine Handlung oder eine Idee, wenn sie funktioniert , d.h. den gewünschten Zweck erfüllt und sinnvoll ist.

Der Rechenweg des jungen Gauß erfüllt den gewünschten Zweck, da er zum richtigen Ergebnis führt, und er ist darüber hinaus sinnvoll, weil er einfacher und schneller funktioniert als das Addieren von 100 Zahlen.

Kreativität zum Gestalten und Problemlösen

Kreativität brauchst du nicht nur zum Bearbeiten kniffliger Aufgaben, dem so genannten Problemlösen. Auch im Zusammenhang mit künstlerischen Tätigkeiten wie Malen, Komponieren oder Geschichten schreiben, also wenn du etwas Neues gestaltest, spielt Kreativität eine große Rolle. Es gibt Techniken und Verhaltensweisen, die es dir erleichtern, sowohl beim Gestalten als auch beim Problemlösen kreativ zu sein. Im dritten und vierten Kapitel erfährst du mehr darüber.

Wie bist du kreativ?

(14)

Du magst verzweifelt um ihn ringen:
Ein Einfall lässt sich nicht erzwingen.
Doch lädt entspannt ihn Ruhe ein,
dann kommt er plötzlich von allein.
K. H. Söhler, Dichter

In den Zeilen von Söhler steckt viel Wahres. Doch auch wenn es oft den Anschein hat, fallen kreative Ideen nicht vom Himmel. Anhand eines berühmten Beispiels von Archimedes erfährst du, was passieren muss, damit dir ein kreativer Gedanke kommt, und wie du dann damit umgehen solltest.

Archimedes, ein Gelehrter im alten Griechenland, wurde beauftragt, den Goldgehalt der Krone des Hieron zu bestimmen. Allerdings durfte er die Krone nicht beschädigen oder gar einschmelzen.

1. Mach dein Gehirn startklar
Diese erste Phase ist die wichtigste. Du solltest dir viel Zeit nehmen und konzentriert arbeiten. Setz dich mit deiner Aufgabe wie folgt auseinander:
● Worauf willst du hinaus? Mach dir dein Ziel klar, indem du es als Frage, Aufgabe oder Wunsch formulierst.

- Sammle Informationen! Wie haben andere ihre Ziele erreicht? Was musst du wissen, um ans Ziel zu gelangen? Woher bekommst du die nötigen Informationen?
- Lass dich von Zeitschriften oder Büchern inspirieren!
- Sprich mit anderen über dein Ziel!

Archimedes informierte sich über die Dichte von Gold, d.h. seine Masse pro Volumen. Er bestimmte außerdem die Masse der Krone und löste seine Aufgabe so weit, dass ihm nur noch das Volumen der Krone unbekannt war.

2. Lass dein Unterbewusstsein arbeiten!

Nachdem du dich eingehend um dein Ziel gekümmert hast, kannst du dich ruhigen Gewissens mit anderen Dingen beschäftigen, bei denen dein Gehirn abschalten kann:

- geh zum Joggen, Inlinern oder Essen – oder
- leg dich hin und entspann dich, aber
- versuch nicht krampfhaft, eine Lösung zu finden.

Archimedes nutzte diese Phase, um ein Bad zu nehmen, und dabei geschah es:

Archimedes erkannte, dass das Volumen eines Körpers so groß ist wie das Volumen des Wassers, das er verdrängt. Obwohl er momentan nicht mit der Aufgabe beschäftigt war, fand Archimedes die Lösung. Sein Unterbewusstsein hatte daran gearbeitet. Allerdings hätte er diesen Geistesblitz nicht gehabt, wenn er sich *vor* seinem Bad nicht intensiv mit der Aufgabe befasst hätte.

Das Wissen, das du durch eine gute Vorbereitung und harte Arbeit an einem Problem erlangst, wird damit zur Voraussetzung für kreative Leistungen.

„Nur Helle bekommen eine Erleuchtung." O.-A. Krimmel

3. Arbeite kritisch weiter

Eine tolle Idee zu haben, ist ein sehr befriedigendes Gefühl. Leider bist du damit noch nicht am Ziel. Um eine kreative Leistung zu vollbringen, musst du deine Idee kritisch betrachten und in die Tat umsetzen. Nur so kannst du damit Eindruck schinden.

Auch Archimedes musste seine Berechnungen abschließen, um Hieron den Goldgehalt der Krone mitteilen zu können. Besonders schwierig ist dabei, sich mit der Idee, auf die man so stolz ist, kritisch auseinander zu setzen.

Die folgende Check-Liste hilft dir dabei:

● Passt dein Einfall wirklich zu deinem Ziel?
● Welche Voraussetzungen müssen gegeben sein?

- Ist die Idee realisierbar?
- Wie viel Zeit benötigst du, um sie in die Tat umzusetzen?
- Was werden deine Eltern/Lehrer/Freunde dazu sagen?
- Kannst du die Idee einfacher und besser umsetzen?

4. Setze deine Idee selbstbewusst durch

Unter Umständen wirst du mit einer neuen Idee auf heftigen Widerstand stoßen. Lass dich nicht unterkriegen – nicht alle Kritiker behalten Recht. Zum Beispiel erklärte die Plattenfirma Decca, als sie 1962 die Beatles ablehnte: *„Wir mögen Ihren Klang nicht. Gitarrengruppen werden unpopulär!"* Nur gut, dass die Beatles das nötige Selbstbewusstsein hatten und sich von dieser Einschätzung nicht beirren ließen!

Zusammenfassung

- Kreative Gedanken, Handlungen oder Dinge sind stets *nützlich* und für dich persönlich *neuartig*.
- Kreativität benötigst du zum schöpferischen *Gestalten* und zum *Problemlösen*.
- Um eine kreative Leistung zu vollbringen, musst du
    - dein Ziel kennen und hart dafür arbeiten,
    - den Mut haben, deine Gedanken ruhen zu lassen,
    - deine Ideen kritisch überprüfen und
    - gute Einfälle sorgfältig ausarbeiten und selbstbewusst durchsetzen.

2. Fit für Kreativität

**Welche Voraussetzungen müssen erfüllt sein,
um kreativ sein zu können?**

**Wie sehen kreatives Arbeiten und
ein kreatives Arbeitsumfeld aus?**

**Warum musst du geistig fit sein,
um kreativ sein zu können?**

„Wer am Gipfel des Baumes Früchte sehen will, der nähre seine Wurzeln." Johann Gottfried von Herder

Mit kreativen Einfällen ist es wie mit den Früchten in der Krone eines Baumes, die plötzlich und unverhofft herabfallen, wenn sie reif sind. Doch bis es so weit ist, muss viel Energie hineingesteckt werden.

Auch in die Förderung deiner Kreativität kannst du viel investieren, um schließlich kreative Produkte zu ernten. Doch genauso wenig, wie du einen Apfel gießen kannst, kannst du Kreativität erzwingen. Du kannst aber die Voraussetzungen schaffen, die es deiner Kreativität erlauben, sich zu entwickeln. Dazu gehören:

- Die richtige Einstellung, um die Steine, die dir andere in den Weg legen, zu überwinden, und dir selbst keine Hürden zu bauen,
- ein Umfeld, das deine Gedanken in kreative Bahnen lenkt und möglichst wenig Kreativitätskiller beheimatet,
- eine Arbeitshaltung, die es dir erlaubt kreativ zu sein, und
- geistige Beweglichkeit, durch die du gewohnte Bahnen verlassen und etwas wirklich Neues schaffen kannst.

Kreativität

Die richtige Einstellung

Bleib du selbst!

Ein sicheres Mittel, um unkreativ zu sein, ist es allen recht machen zu wollen. Pass dich nicht an! Mach dein Ding so, wie es dir gefällt, und nicht, wie es die anderen machen (würden) oder wie es schon immer gemacht wurde.

Glaube an dich!

Brems dich nicht schon im Vorfeld selbst aus! Du gehörst doch wohl nicht etwa zu den 90 % der Bevölkerung, die stets jammern: *„Ich kann nicht zeichnen"* oder *„Ich kann kein Mathe"* und so ihr kreatives Potential nicht mal austesten.

Wenn du mit deinen eigenen Ideen lange Zeit beschäftigt bist, gewöhnst du dich sehr schnell daran und findest sie normal und unspektakulär. Neues hingegen begeistert und überzeugt dich, weil es dich als Ganzes überwältigt und du die Tücken des Details nicht sofort überblickst. Wenn du also gute Produkte deiner Mitschüler zum ersten Mal siehst – seien es Geschichten, Bilder oder Lösungen zu irgendwelchen Problemen – ist es ganz natürlich, dass du diese spontan besser findest als dein Produkt. Lass dich davon nicht einschüchtern, glaub an deine Sache, dann wirst du schließlich auch die anderen dafür begeistern.

Sei offen!

Offen sein für Neues ist eine Grundvoraussetzung, um Neues zu schaffen. Viele wirklich große Ideen waren revolutionär neu und ihre Entdecker mussten hart und lange kämpfen, um sie gegen traditionell denkende Kritiker durchzusetzen.

Vor allem solltest du keine Angst haben, irgendwelche Rollenklischees zu verletzen. Wenn Marie Curie dem Vorurteil erlegen wäre, Physik sei nichts für Mädchen, hätte sie sich wohl nie einen Nobelpreis in diesem Fach erarbeitet. Andererseits sind Bereiche wie Mode und Design nicht den Frauen vorbehalten.

Fazit: Schau auch mal über den Tellerrand hinaus – es lohnt sich!

Ran an die Arbeit!

Versuche dich auf die bevorstehende Aufgabe zu freuen. Stell dir vor, wie du dein Ziel erreichst und deine tolle kreative Arbeit präsentieren kannst.

Das motiviert dich und hilft dir, die erste mühsame Phase deiner kreativen Arbeit zu meistern. Geh mit voller Kraft ans Werk. Je mehr Zeit und Mühe du investierst, umso stärker arbeiten dein Bewusstsein und dein Unterbewusstsein an einer kreativen Lösung.

Geh auch mal ein Risiko ein und versuche, spontane Einfälle zu verfolgen. Wenn sie sich zum Schluss nicht als sinnvoll erweisen, hast du nichts verloren. Im Gegenteil – du hast dafür gesorgt, dass du nun weißt, wie es nicht funktioniert und dein Ziel damit noch klarer abgesteckt.

Bleib auf dem Teppich!

Du solltest allerdings nicht übermütig werden. Wenn du dir zu hohe Ziele steckst, wirst du am Ende enttäuscht sein, sie nicht erreicht zu haben.

So ist es sicherlich eine gute Sache, wenn du dir zusammen mit deiner Band vornimmst, ein schönes Lied zu schreiben. Wenn es aber dein Ziel ist, mehr Nr.1-Hits zu komponieren als Paul McCartney, bist du zum Scheitern verurteilt – es müssten nämlich 36 Stück werden.

Aber auch wenn du dein Ziel erreicht hast, solltest du nicht gleich abheben. Gib dich nicht zu früh zufrieden. Vielleicht kannst du dein kreatives Produkt noch verbessern.

„Das Genie beherrscht das Chaos." Hast du mit diesem Spruch auch schon mal versucht, deine Mutter davon zu überzeugen, dass Aufräumen unnötig ist?

Es mag ja sein, dass manche geniale oder kreative Menschen ihr eigenes Chaos überblicken. Doch nur, weil man im Chaos lebt, ist man noch lange nicht kreativ.

Vermeide Chaos!

Insbesondere zu Beginn deiner kreativen Phase, wenn du hart für dein Ziel arbeitest, ist es wichtig, dass du nicht abgelenkt wirst. Du solltest

- an einem festen Arbeitsplatz arbeiten,
- einen Überblick über deine Arbeitsmaterialien haben,
- dich nicht von Computerspielen oder dem Handy ablenken lassen und
- Lärm bekämpfen, indem du Fenster und Türen schließt, oder zur Not woanders bzw. zu einer anderen Zeit arbeitest.

Halte Informationsquellen bereit!

Ich habe bereits darauf hingewiesen, wie wichtig Wissen für kreative Leistungen ist. Du solltest daher stets darauf achten, dass du möglichst einfach an Infos herankommst. Als Informationsquellen dienen dabei:

- ein Lexikon, um wichtige Begriffe schnell nachzuschlagen,
- Fachbücher über das zu bearbeitende Thema,

- Kataloge und Zeitschriften, die vor allem durch ihre Fülle an Bildern neue Anreize geben und
- das Internet als riesiger Infopool zu fast allen Bereichen.

Arbeite zur richtigen Zeit!

Die geistige Leistungsfähigkeit erreicht bei den meisten Menschen am frühen Nachmittag einen Tiefpunkt. Zu dieser Zeit solltest du dich also nicht um deine kreativen Projekte kümmern. Am frühen Abend hingegen fällt das kreative Arbeiten leichter. Die abgefahrensten Einfälle hat man meist in der Schlummerphase kurz vor dem Einschlafen. Ein Ideenheft neben deinem Bett, in das du die Ideen eintragen kannst, hilft dir, dich am nächsten Morgen daran zu erinnern.

Schaffe kreative Anreize!

Weiße Wände in einem kalten Zimmer regen nicht unbedingt zu kreativen Einfällen an. Schaffe dir durch Bilder, Farben und Einrichtungsgegenstände eine Atmosphäre, in der du dich wohl fühlst und entspannen kannst. Gerade nach der arbeitsintensiven Einstiegsphase wirkt es Wunder, mal die Beine hochzulegen und die Gedanken schweifen zu lassen.

Lass dich nicht überwachen!

Versuche deine Eltern und Lehrer davon zu überzeugen, dir nicht ständig über die Schulter zu schauen. Das macht dich unsicher und du bist dann möglicherweise nicht mehr bereit, Dinge auszuprobieren und Fehler in Kauf zu nehmen.

Maßnahmenplan

Auf dieser Seite findest du einige Vorschläge für Sofortmaßnahmen zur Gestaltung eines kreativen Umfelds. Kreuze an, was du für deine Kreativ-Umgebung tun willst.

Maßnahme	erledigt
Ablenkungen ausschalten	○
Infoquellen bereitstellen	○
Optimale Arbeitszeit nutzen	○
Ideenheft anlegen	○
Wohlfühlatmosphäre schaffen	○

Hast du schon Ideen, wie du eine Entspannungs- und Wohlfühlatmosphäre erzeugen kannst? Dann trage sie hier ein, bevor sie dir wieder entfallen!

Dass Ideen nicht kommen, nur weil du sie rufst, weißt du mittlerweile. Die folgenden Seiten verraten dir, wie du dir kreative Ideen *erarbeiten* kannst.

Fahr die Columbo-Strategie!

Sicher kennst du den schusseligen TV-Kommissar Columbo, dem es durch eine bestimmte Eigenschaft immer wieder gelingt, die kniffligsten Kriminalfälle auf sehr kreative Art zu lösen: Er ist penetrant neugierig und hat daher immer „noch eine Frage".

Stelle W-Fragen!

So wie Columbo einen mutmaßlichen Täter fragen würde, *wo* er zur Tatzeit war, *was* er dort gemacht hat, mit *wem* und *warum* er dort war, *wie* sein Verhältnis zum Opfer war usw., solltest auch du möglichst viele W-Fragen stellen, wenn du eine kreative Aufgabe zu bewältigen hast. Die Antworten liefern dir die grundlegenden Informationen, mit denen du weiterarbeiten kannst.

Kombiniere!

Wenn du Informationen gesammelt hast, solltest du versuchen, sie im Zusammenhang zu sehen und gegebenenfalls Widersprüche aufzudecken.

Columbo würde sich in dieser Phase z.B. überlegen, warum sich der Ehemann zum Opfer hingezogen fühlte, wohingegen das Opfer versuchte, ihn zu erpressen.

Ähnliche Überlegungen würdest du vielleicht anstellen, wenn du eine Kriminalgeschichte zu schreiben hättest. Bei einem mathematischen Problem würdest du in dieser Phase z.B. erkennen, dass der Thaleskreis nichts anderes ist als der Umkreis einer bestimmten Art von Dreiecken. (Weißt du welcher?)

Halte durch!

Hast du schon mal erlebt, dass Columbo einen Fall nicht lösen konnte? Nein, denn dafür ist er viel zu ehrgeizig und zu neugierig. Auch wenn dir eine Lösung nicht gleich ins Auge sticht oder du mit deiner kreativen Arbeit unzufrieden bist, solltest du nicht aufgeben. Frust gehört zum Geschäft, wenn du Ziele vor Augen hast, die du erreichen möchtest. Nur wenn du deinen Frust besiegst und nach einer kurzen Verschnaufpause wieder motiviert zur Sache gehst, kannst du schwierige Ziele erreichen.

Mal schauen, wie lange du durchhältst, um eine Lösung der folgenden Denksportaufgabe zu finden:

Übung

Die Spurensicherung hat am Tatort sieben Gegenstände gefunden. Damit sie von niemandem berührt werden, will Columbo sie einzeln durch einen Elektrozaun voneinander abgrenzen. Diese Art der Spurensicherung ist sicherlich neu, aber um kreativ zu sein, muss sie auch noch funktionieren. Aus physikalischen Gründen darf sich der Zaun daher weder überschneiden noch darf er unterbrochen sein. Die Einteilung ist durch die folgende Skizze vorgegeben, die Lösung findest du auf Seite 60.

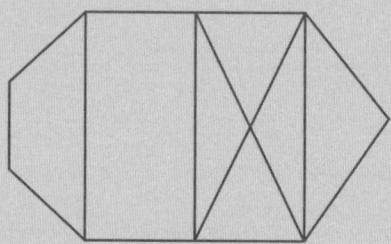

Arbeite im Team!

Wenn du mit anderen zusammen arbeitest, fällt es dir leichter, gute Ideen zu haben. Das liegt daran, dass die Äußerungen deiner Mitstreiter ständig neue Assoziationen bei dir wecken und du dein Ziel damit in einem größeren Zusammenhang siehst. Damit die Arbeit im Team aber wirklich funktioniert, solltest du folgende Punkte beachten:

● Arbeite mit Leuten zusammen, die das gleiche Ziel verfolgen wie du. Sonst redet und arbeitet ihr aneinander vorbei.

● Mit den Leuten im Team solltest du dich gut verstehen.

- Keine Konkurrenz innerhalb eures Teams! Ihr müsst miteinander arbeiten, nicht gegeneinander.
- Du solltest andere Meinungen respektieren und nicht vorschnell versuchen sie zu widerlegen.
- Nutze die Ideen der anderen. Das heißt nicht, dass du sie kopieren sollst; du solltest vielmehr versuchen, darauf aufzubauen und sie weiterzuentwickeln.
- Bemüht euch gemeinsam um unübliche Herangehensweisen. Ihr solltet euer Ziel von möglichst vielen Seiten beleuchten.

Verschiebe Kleinkram auf später!

Wenn die Ideen sprudeln, du das Gefühl hast, gerade gut voranzukommen, oder wenn im Team ein interessanter Gedanke besprochen wird, solltest du am Ball bleiben. Unterbrich eine solche kreative Phase nicht, indem du

- eine Pause einlegst,
- dich um sprachliche Richtigkeit bemühst,
- den Rechenweg haarklein und ganz genau aufschreibst
- oder auf eine saubere äußere Form achtest.

Zwar sind alle Punkte wichtige Bestandteile eines kreativen Produkts, aber du kannst sie auf später verschieben. In der Phase der Ausarbeitung deiner Ideen solltest du dann größten Wert darauf legen.

Geistig topfit sein

Auch wenn viele Menschen behaupten, Kreativität komme aus dem Bauch, entstehen kreative Gedanken immer in deinem Kopf. Geistige Fitness wird damit zu einer wichtigen Voraussetzung für Kreativität. Du erfährst nun, was geistige Fitness in Bezug auf Kreativität bedeutet.

Grundvoraussetzung: Wissen

„Man sieht nur das, was man weiß." Theodor Fontane

Wenn du nicht weißt, wie es richtig gemacht wird, siehst du nicht deine Fehler. Wenn du nicht weißt, wie du Vogellaute unterscheiden kannst, wird dir der Gesang am Himmel nicht auffallen. Wenn du nicht weißt,… Man könnte diese Liste ewig fortsetzen. Mit Ideen ist es ähnlich: Dir kann nur einfallen, was du weißt oder was du kennst. Mein Appell an dich lautet daher:

Eigne dir möglichst viel Wissen an, denn ein besseres Training für deine Kreativität gibt es nicht!

- Lerne, was deine Lehrer im Unterricht behandeln.
- Lies viele Bücher in deiner Freizeit.
- Schau dir gut gemachte Dokumentationen im Fernsehen an – und damit meine ich ausdrücklich nicht Urlaubsreportagen von Ibiza auf RTL2 oder Ähnliches.

Wissen macht vielseitig

Je mehr Romane du gelesen hast, desto leichter fällt es dir, spannende Geschichten zu schreiben. Je besser du ein Instrument spielst, umso schneller kannst du selbst ein Musikstück schreiben. Und ohne die grundlegenden Themen der Mathematik zu beherrschen, wirst du keine Lösungen finden. Du kannst deine Vielseitigkeit – außer durch Wissen – aber auch durch kleine Spiele trainieren:

Spiel

Kennst du „Stadt-Land-Fluss"? Dieses „Kinderspiel" macht jede Menge Spaß, wenn du dir für „Stadt" oder „Land" andere Oberbegriffe überlegst. Zum Ablauf: Ein Mitspieler sagt im Stillen das Alphabet auf, bis ein zweiter irgendwann „Stopp" sagt. Die Mitspieler ordnen dann den Oberbegriffen möglichst schnell Wörter zu. Die Wörter müssen mit dem Buchstaben beginnen, bei dem gestoppt wurde. Das Ganze endet, sobald ein Mitspieler jedem Oberbegriff ein Wort schriftlich zugeordnet hat. Bei der Auswertung erhalten Wörter, die nur ein Teilnehmer hat, zwei Punkte, Wörter, die mehrere Mitspieler aufgeschrieben haben, nur einen.

Wissen macht flexibel

Wenn du dein Ziel auf die eine Art nicht erreichen kannst, muss es eben anders gehen. Die Fähigkeit, andere Lösungen zu finden und andere Wege zu gehen, statt sich an seiner ersten Idee festzubeißen, nennt man Flexibilität.

Übung

Ein Tischtennisball befindet sich ganz unten in einem 15 cm langen, schmalen Stahlrohr, das im Asphalt befestigt ist. Du hast 5 Minuten Zeit, um möglichst viele Möglichkeiten aufzuschreiben, wie du den Ball dort herausholen könntest.

Wissen schafft Originalität

Kreative Leistungen überzeugen besonders, wenn sie originell sind. Du bist zu Recht stolz auf dich, wenn du eine originelle Idee hast, und lobst originelle Einfälle anderer mit Sätzen wie: *„Da wäre ich nie drauf gekommen."*
Übrigens – hast du daran gedacht, Wasser in das Rohr zu gießen, um den Tischtennisball herauszuschwemmen?
Auch für Originalität ist Wissen eine Voraussetzung. In unserem Beispiel musstest du wissen, dass Tischtennisbälle schwimmen. Allerdings kommt trotzdem nicht jeder, der das weiß, auf diese originelle Lösung. Was hinter dem Phänomen „Originalität" steckt, wissen selbst Kreativitätsforscher nicht genau. Sicher ist aber:

- Die Angst vor Fehlern verhindert originelle Ideen. Lass dich also nicht unter Druck setzen. Jeder macht Fehler. Lerne lieber daraus anstatt zu versuchen, sie zu vermeiden.
- Man kann sich originelles Denken in gewissem Maß angewöhnen. Dazu dienen vielerlei Spiele und Übungen.

Spiel

Eines meiner Lieblingsspiele ist „Der wahre Walter". Es geht darum, in einem vorgegebenen Satz (den man sich auch selbst ausdenken kann), das Wort „Walter" zu ersetzen. Bsp.: *In einem Film mit dem Titel „Walter" würde ich gerne die Hauptrolle spielen.* Alle Mitspieler müssen sich nun ein passendes Wort oder einen Satzteil für „Walter" überlegen und auf einen Zettel schreiben. Nachdem die Zettel gemischt worden sind, müssen die Mitspieler erraten, wer was geschrieben hat. Das Spiel macht besonders viel Spaß, wenn ihr versucht, euch gegenseitig an Originalität zu übertreffen.

Als besonders witzig und originell wird – nicht nur bei „Der wahre Walter" – empfunden, wenn du:
- maßlos übertreibst,
- an das Zeitgeschehen anknüpfst,
- Eigenschaften der Menschen, die dich momentan umgeben, einbeziehst oder
- Vergleiche mit Personen anstellst, die jeder kennt, z.B. aus dem Showgeschäft.

Wissen fördert Assoziationen

Wenn dir bei einem bestimmten Stichwort sehr viele Gedanken kommen, die mit diesem Stichwort in Verbindung stehen, hast du eine hohe Assoziationsfähigkeit. Damit wird dein Wissen als Voraussetzung für Assoziationen zum Motor für viele kreative Einfälle. Du kannst deine Assoziationsfähigkeit aber auch trainieren, z.B. mit der nächsten Übung:

Übung

Im Folgenden findest du zusammengesetzte Wörter, deren Bestandteile durch andere Wörter umschrieben sind:
- nicht geschlossen + kleiner Fluss = Stadt am Main
- Hausbedeckung + feuchte Niederung = süddt. Stadt
- Süßmittel + Kopfbedeckung = Berg bei Rio de Janeiro
- Herrschertitel + Sitzmöbel = Gebirge im Breisgau
- männliche Person + Zuhause = südwestdeutsche Stadt
- Jahreszeit + Dauer + Lotteriescheine = Wiesenpflanze

Du kannst dir leicht weitere Beispiele überlegen.

An der Art der Übung kannst du erkennen, dass auch Kreuzworträtsel geeignet sind, um Assoziationen zu wecken und die Assoziationsfähigkeit zu trainieren.

Wissen bewirkt Kombinationsfähigkeit

Der Vollständigkeit halber soll an dieser Stelle die Rolle der Kombinationsfähigkeit für deine Kreativität nochmals erwähnt werden. Was es damit auf sich hat und warum Wissen die

Voraussetzung für die Fähigkeit zu kombinieren ist, habe ich im Rahmen der Columbo-Strategie bereits beschrieben.

Zusammenfassung

Du kannst deine Kreativität fördern, indem du Voraussetzungen für kreatives Arbeiten schaffst. Folgendes musst du dabei berücksichtigen:

- Geh mit der richtigen Einstellung an die Arbeit. Selbstbewusst, offen für Neues, tatkräftig und ohne die Realität aus den Augen zu verlieren, kannst du kreativ sein.
- Mit dem richtigen Arbeitsumfeld fällt dir kreatives Arbeiten leichter. Arbeite zur richtigen Zeit am richtigen Ort, vermeide dort Chaos und sorge für ausreichend Informationsquellen sowie eine entspannte Atmosphäre.
- Für kreative Produkte musst du meist hart arbeiten. Probier's daher mit der Columbo-Strategie, indem du W-Fragen stellst, Infos kombinierst und Ausdauer zeigst. Wenn du im Team arbeitest und in kreativen Momenten Prioritäten setzt, kannst du noch kreativer sein.
- Dein Geist muss beweglich sein, um kreativ denken zu können. Du solltest dir viel Wissen in vielen Bereichen aneignen, um vielseitig, flexibel und originell denken zu können, viele Assoziationen zu haben und Dinge im Zusammenhang sehen zu können.

Wie kannst du sachlich-kreativ interpretieren?

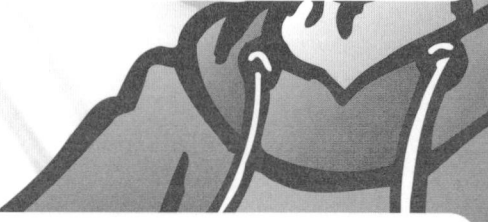

Was ist bei Statistiken und Diagrammen zu beachten, um kreative Schlussfolgerungen zu ziehen?

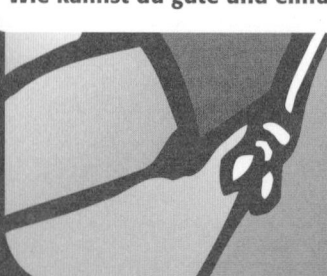

Wie kannst du gute und einfallsreiche Texte verfassen?

„Das erinnert doch stark an die Arbeit deines Nachbarn."
„Du bist nahe am Beispiel aus dem Unterricht geblieben."
„Solide gemacht, aber wenig spannend."
„Ganz nett, trifft aber nicht den Kern der Sache."
„Einfallsreich, aber am Thema vorbei."

Mit solchen Sätzen versuchen deine Lehrer, deine Bemühungen nüchtern zu würdigen, teilen dir aber mehr oder weniger unterschwellig mit, dass der kreative Anspruch gleich null ist, da deine Produkte entweder nicht neu oder nicht nützlich sind. Dabei spielt Kreativität in nahezu allen Unterrichtsfächern eine große Rolle. Deine Lehrer und Mitschüler erwarten von dir fantasievolle Geschichten und Aufsätze, ausdrucksstarke Gedichte, weitreichende Interpretationen, ungewöhnliche Lösungsideen für mathematische und naturwissenschaftliche Probleme sowie interessante Bilder im Kunstunterricht.

Wie kreative Leistungen zu Stande kommen und durch welches Arbeitsverhalten sie zu erzielen sind, hast du in allgemeiner Form in den ersten beiden Kapiteln dieses Buches erfahren.

Im folgenden Kapitel geht es darum, wie du in Fächern wie Kunst, Politik, Geschichte, Deutsch und Fremdsprachen kreativ sein kannst. Im Vordergrund stehen dabei Interpretationen von Gemälden, Fotos, Karikaturen, Statistiken, Diagrammen und Texten sowie das Kreieren eigener Bilder, Geschichten oder Gedichte.

Bilder interpretieren

Was fesselt Kunstliebhaber mit ernster Miene in Ausstellungen und Leser politischer Magazine, die nachdenklich oder amüsiert Karikaturen betrachten? Was reizt uns an Bildern?

1. Schau genau hin!

Um ein Bild zu interpretieren, solltest du es dir zunächst in aller Ruhe anschauen. Du musst nicht gleich das Kinn auf den Daumen und die Stirn in Falten legen, solltest aber alle Details wahrnehmen, denn die verraten oft am meisten.

2. Beschaffe dir grundlegende Infos!

● Wer hat das Bild wann geschaffen?
● Wer oder was ist dargestellt?
● Was fällt besonders auf?

Speziell bei Karikaturen solltest du dich außerdem fragen:

● Was wird kritisiert? / Wer wird gelobt?
● Wo ist sie veröffentlicht? / Wer wird angesprochen?
● Wie weit ist die Karikatur von der Realität entfernt?

3. Untersuche nun genauer!

Die Art der Darstellung liefert dir erste Ansätze für kreative Interpretationen, denn die Mittel zur Bildgestaltung sind immer auch an eine Aussage geknüpft. Die wichtigsten Zusammenhänge sind in der folgenden Tabelle aufgelistet:

Mittel	Bedeutung
Perspektive	Wie ist das Dargestellte zu sehen?
Räumlichkeit	Was steht im Vordergrund, ist wichtig?
Kontrast	Wo liegen Spannungen, was passt nicht?
Farbe	Warm, kalt? Freundlich, beängstigend?
Dynamik	Schnell, ruhig? Wohin? Aufwärts, abwärts?

4. Bring dich mit ein!

Wie wirkt das Bild auf dich? Was hast du empfunden, als du es betrachtet hast? Ekel, Furcht, Mitleid, Trauer, Freude? Zum Abschluss einer gelungenen Interpretation solltest du persönliche Empfindungen immer mit dem Dargestellten und der Art dieser Darstellung begründen können.

Selber Bilder gestalten

Wenn du selbst künstlerisch tätig sein möchtest, solltest du dir viel Zeit nehmen, um spielerisch an die Sache heranzugehen und verschiedene Dinge ausprobieren zu können. Beantworte für dich selbst aber zunächst folgende Fragen:

● Was willst du zeigen oder mitteilen?
● Woher bekommst du das Wissen und die Fertigkeiten?
● Wie kannst du es erreichen?

Bei Karikaturen ist es darüber hinaus wichtig, dass du übertreibst und überspitzt, provozierst und amüsierst.

Du musst also sehr viele Fragen beantworten, um kreativ zu interpretieren und zu gestalten. Immer, wenn du Antworten

suchst, solltest du dir überlegen, ob dir eine Kreativitäts-
technik dabei helfen kann. Die erste, die ich dir vorstellen
möchte, ist das Brainstorming.

Hilfreiche Technik Brainstorming

Das Brainstorming ist eine Technik, um Ideen zu sammeln
– und so funktioniert sie:

- Nimm dir 15 Minuten Zeit, um all das aufzuschreiben,
  was dir zum gegebenen Thema bzw. zum vorliegenden
  Bild einfällt.
- Schreib alles auf, was dir einfällt, auch wenn es auf den
  ersten Blick absurd erscheint!
- Statt Worten kannst du auch kleine Bilder skizzieren.
  Das weckt oft Assoziationen und bringt neuen Schwung.
- Wenn möglich, lasst den „Brainstorm" im Team wüten.
  Ihr schreibt eure Einfälle dann nicht einzeln auf, sondern
  äußert sie laut, während einer von euch für alle sichtbar
  mitschreibt. Das hat den Vorteil, dass ihr euch mit euren
  Äußerungen gegenseitig auf neue Ideen bringt.

Übung

Es müssen nicht immer Bilder sein. Erstelle eine abstrakte
Skulptur, indem du Kerzenwachs in kaltes Wasser tropfen
lässt. Führe dann ein Brainstorming zu deiner Skulptur
durch. Versuche dich schließlich in einer ausführlichen Interpretation deiner Skulptur nach dem beschriebenen Rezept.

Statistiken interpretieren

„Traue nie einer Statistik, die du nicht selbst gefälscht hast."

Das Sprichwort lässt erahnen, dass Statistiken mit Vorsicht zu genießen sind. Doch was kannst du tun, um keine falschen Schlüsse aus diesen Zahlenbergen zu ziehen? Nichts Neues: In alter Columbo-Manier die folgenden Fragen sorgfältig beantworten! Die Antworten sind kursiv geschrieben und beziehen sich auf die Kombination aus Statistik und Diagramm der nächsten Seite.

● Wer hat die Statistik wann gemacht (vgl. Zitat oben)?
  Das Deutsche Institut für Wirtschaftsforschung, 1993 – die Statistik ist also evtl. veraltet.

● Welche Arten von Zahlen sind dargestellt?
  Säulen: Geldbeträge, Kreise: Prozentzahlen.

● Welche Werte innerhalb der Statistik kann man miteinander vergleichen?
  Jeweils den Bruttoverdienst von Männern und Frauen einer Berufsgruppe, die Verdienstanteile in den Kreisen, aber auch die Höhe der Einkommen der Berufsgruppen.

● Woher bekommt man Infos, die die Zahlen begründen?
  In Politikbüchern sind Artikel über die Strukturen der einzelnen Berufsgruppen nachzulesen.

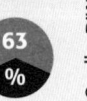

Wenn keine Fragen mehr offen sind, kannst du vor dem Hintergrund der gesammelten Informationen deine Schlussfolgerungen ziehen.

Vorsicht bei Diagrammen!
Ein Diagramm ist die grafische Darstellung einer Statistik. Das Beispiel auf dieser Seite enthält neben den Zahlen der Statistik ein Säulendiagramm sowie Kreisdiagramme.

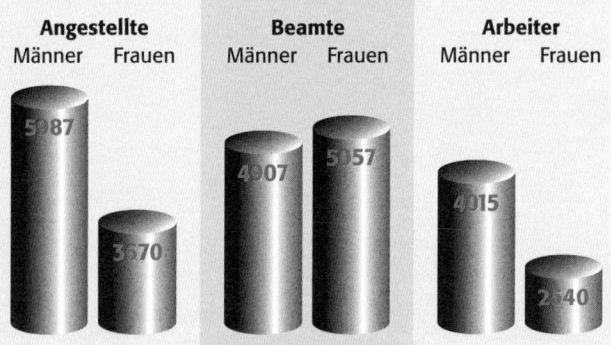

Durchschnittlicher Bruttomonatsverdienst 1993 in DM
(alte Bundesländer)

Angestellte		Beamte		Arbeiter	
Männer	Frauen	Männer	Frauen	Männer	Frauen
5987	3670	4907	5057	4015	2540

Frauenverdienst in % des Männerverdienstes

61 %   103 %   63 %

Quelle: DIW

Da das Diagramm auf der Grundlage der Statistik erstellt wurde, sind die Fragen der vorherigen Seite auch an das Diagramm zu stellen. Zusätzlich birgt ein Diagramm aber weitere Schwierigkeiten. Zur richtigen Interpretation sind daher weitere Fragen nötig:

● Welche Werte sind wie veranschaulicht?

Insbesondere die Geldbeträge muss man genau betrachten. Bei den Arbeitern verdienen die Männer bei weitem nicht doppelt so viel wie die Frauen. Die zugehörige Säule ist aber mehr als doppelt so hoch. Hier wirst du als Betrachter bewusst getäuscht.

● Was ist die Bezugsgröße für die Prozentzahlen?

Der Bruttoverdienst der Männer dient als Bezugsgröße.

● Vergleiche vergleichbare Zahlen!

Auffällig ist, dass nur bei den Beamten der Verdienst von Männern und Frauen relativ ausgeglichen ist.

● Ist eine Tendenz zu erkennen?

Da diesem Diagramm kein Zeitraum, sondern nur ein Zeitpunkt zu Grunde liegt, kann man keine Tendenz feststellen.

● Wo liegen Extremwerte?

Besonders deutlich sind die Unterschiede im Verdienst von Männern und Frauen bei den Arbeitern und Angestellten.

● Welche Schlussfolgerungen ziehst du?

Was den Verdienst angeht, waren 1993 Männer und Frauen keineswegs gleichberechtigt, sofern sie nicht im Staatsdienst tätig waren.

Texte erarbeiten
und verfassen

Texte interpretieren

Das Interpretieren von Texten, seien es Sachtexte, Quellentexte, Gedichte oder Kurzgeschichten, birgt gegenüber den bereits beschriebenen Interpretationsmöglichkeiten keine Überraschungen. Das Wichtigste ist wiederum, dass du möglichst viele W-Fragen beantwortest, um so den Stil und die Absicht des Autors bzw. der Autorin zu erfassen. Geh dabei wie folgt vor:

1. *Lies den Text sorgfältig!*
2. *Führe ein Brainstorming zum Text durch!*
3. *Spiel Columbo – beantworte Fragen:*

● Welche Sachverhalte, Personen und Probleme werden beschrieben?

● Welche Argumentationslinien, Verknüpfungen, Anspielungen und Gleichungen sind zu erkennen?

● Welche Worte und Sätze spielen eine wichtige Rolle?

● Welche Warnungen und Empfehlungen werden gegeben?

● Wer wird vor allem angesprochen?

● Wie wirkt der Text auf dich? Fühlst du dich angesprochen, betroffen, zu irgendetwas aufgefordert?

4. *Zieh deine Schlüsse!*

Wichtig ist, dass du all deine Schlussfolgerungen mit bestimmten Textstellen begründen kannst, um nicht „in die falsche Richtung" zu interpretieren.

Texte schreiben

Alle Menschen, die gezwungen sind zu schreiben, haben mit den gleichen Problemen zu kämpfen:

1. Was soll ich schreiben?

2. Wie soll ich den Text aufbauen?

Damit du Antworten auf diese beiden Kernfragen findest, möchte ich dir verschiedene Kreativitätstechniken vorstellen, mit deren Hilfe du Einfälle bekommen oder strukturieren kannst.

Hilfreiche Technik **Ruth-Cole-Technik**

Ruth Cole ist eine Romanfigur des Bestsellerautors John Irving, die im Roman „Witwe für ein Jahr" ihr Schriftsteller-Geheimnis verrät:

„Meine Romane basieren nicht auf Ideen, ich habe keine Ideen. Ich beginne mit den Charakteren, die mich zu den Problemen führen, die diese Figuren wahrscheinlich haben, und daraus ergibt sich dann eine Geschichte – jedesmal."

Hilfreiche Technik **Szenario-Technik**

Erzeuge ein Szenario in deinem Kopf! Stell dir, ausgehend von einer einfachen Situation, ständig die Frage *„Und dann?"*. Arbeite dich so immer weiter in die Zukunft vor. Frage dich dabei, was auf deine Geschichte Einfluss nehmen könnte: Verwandte oder Freunde der handelnden Personen, Politik oder Schicksalsschläge. So baust du deine Geschichte logisch auf, denn jede Handlung hat auch eine Ursache.

Hilfreiche Technik   Mind Mapping

Eine Technik, die sich besonders gut dazu eignet um Ideen zu strukturieren, ist das so genannte Mind Mapping. Mit Hilfe von Mind Maps kannst du den Aufbau deines Textes sehr einfach und übersichtlich planen. Das liegt zum einen an der besonderen Struktur der Mind Map, die es erlaubt, an verschiedenen Stellen Ergänzungen vorzunehmen, ohne die Übersicht zu verlieren. Zum anderen hat eine Mind Map eher die Gestalt eines Bildes als einer Stichwortliste, sodass Verbindungen zwischen den einzelnen Teilen schneller ins Auge fallen.

Wie Mind Mapping genau funktioniert und was du damit alles machen kannst, ist in dem Buch *„Mind Mapping – fit in 30 Minuten"* beschrieben. Hier findest du nur die wichtigsten Regeln in aller Kürze. Vergleiche sie mit der Mind Map auf der rechten Seite.

● Verwende Blanko-Papier im Querformat!

● Schreibe das Thema in die Mitte des Blattes!

● Füge zentrale Gedanken auf Ästen an!

● Füge Unterpunkte auf Zweigen an die Äste an! Die Struktur mit Ästen und Zweigen erlaubt es dir, verschiedene Gedanken einfacher zuordnen zu können.

● Verwende Schlüsselwörter, die sich auf das Wesentliche beschränken, um die Äste und Zweige zu beschriften.

● Verwende Farben und Symbole. Dadurch wird dein Gehirn zu neuen Ideen angeregt und du kannst dir die Mind Map besser einprägen.

Beispiel:

Wenn du über deine Aktivitäten in den Ferien berichten sollst und einen Aufsatz über eine Woche mit dem LernTeam schreiben möchtest, könnte eine mögliche Struktur für deinen Aufsatz folgendermaßen aussehen:

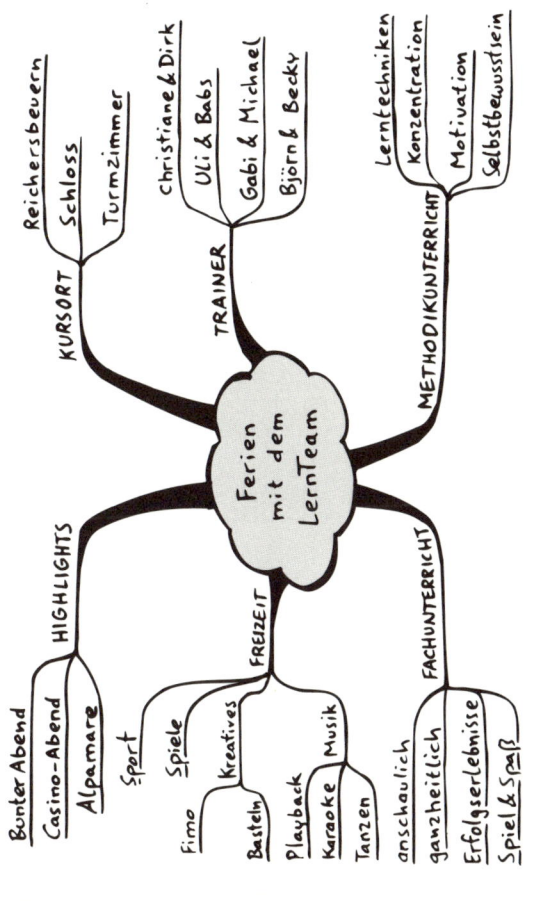

Geschichten selbst schreiben

Neben dem Anwenden der beschriebenen Kreativitätstechniken solltest du vor allem möglichst viel lesen, um gute Geschichten schreiben zu können. Durch das Lesen wirst du sicherer im Umgang mit Sprache und entwickelst deinen eigenen sprachlichen Stil. Wenn du dich zudem an den folgenden Fahrplan hältst, kann nichts mehr schief gehen:

1. *Wähle die Form des Textes. Soll es ein Erlebnisbericht werden, eine Kurzgeschichte oder gar ein Gedicht?*
2. *Überlege, worüber du schreiben willst. Was ist dein Anliegen? Wen willst du erreichen? Was willst du mitteilen?*
3. *Sammle Infos und Ideen, verwende dabei Kreativitätstechniken.*
4. *Strukturiere deine Gedanken und skizziere Argumentationslinien. Mind Mapping hilft dir dabei.*
5. *Lege eine kreative Pause ein. Du hast sie dir verdient.*
6. *Schreib deinen Text!*
7. *Zeit für eine weitere kreative Pause zur Entspannung.*
8. *Kritisiere und verändere deinen Text. Dabei hilft dir:*

Hilfreiche Technik Kritisches Nachfragen

Frage dich, wie du deinen Text noch spannender, besser, interessanter, pointierter, … machen könntest. Beseitige so deine Fehler, verbessere deinen Schreibstil und streiche Überflüssiges. Lies den Text laut vor und frage auch andere nach ihrer Meinung.

Übung

Zum Abschluss noch eine kleine Übung zur Steigerung deiner kreativen Schreibfertigkeit: Bilde zu jedem Buchstaben des Alphabets ein Wort. Behalte die Reihenfolge des Alphabets bei. Wiederholungen sind nicht erlaubt. Und jetzt das Entscheidende: Die Wörter müssen eine Geschichte ergeben. Beispiel: Als Ben cool die erste Frau geküsst hatte, interessierten Jan keine Lamborghinis mehr. Nun ohne Partnerin qualvoll rumzusitzen …

Zusammenfassung

● Kreativität äußert sich in der Schule unter anderem beim Interpretieren von Bildern, Texten, Statistiken und Diagrammen sowie bei künstlerischen Tätigkeiten und dem Schreiben von Texten aller Art.

● Beim Interpretieren kommt es darauf an, wichtige Fragen zu beantworten und die Schlussfolgerungen eng mit den gefundenen Antworten zu verknüpfen.

● Beim Schreiben von Texten solltest du zunächst klären, was du wie ausdrücken möchtest, d. h., du musst den Inhalt und die Struktur deiner Texte vorbereiten.

● Kreativitätstechniken können dir bei all dem helfen: *Brainstorming, Ruth-Cole- und Szenario-Technik,* um Infos zu sammeln und Ideen zu bekommen, *Mind Mapping,* um Gedanken zu strukturieren, und *Kritisches Nachfragen,* um dein Produkt zu verbessern.

4. Kreatives Problemlösen

Wie solltest du an Probleme herangehen?

Welche Strategie passt zu welchem Problem?

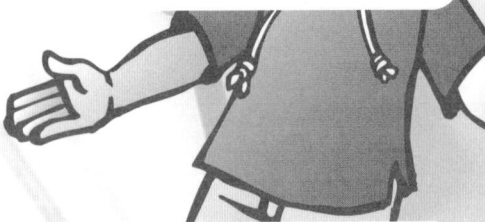

Wie kannst du auf kreative Art
die unterschiedlichsten Dinge konstruieren?

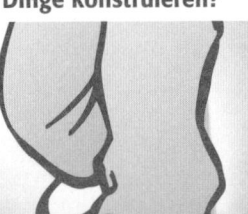

"Die meisten Menschen wenden mehr Zeit und Kraft daran, um die Probleme herumzureden, als sie anzupacken."
Henry Ford, Industrieller

Wie ist das bei dir? Redest du auch häufiger über Probleme statt sie anzupacken? Ich bin da jedenfalls keine Ausnahme, zumindest jetzt nicht, denn ich werde im folgenden Kapitel um Probleme herumreden, aber mit dem Ziel, dass du diese Probleme demnächst besser anpacken und kreativer lösen kannst. Dabei müssen Probleme nichts Schlimmes oder Belastendes sein. Ein Problem kann

● eine Aufgabe sein, die du erledigen sollst,
● ein Vorhaben, das du verwirklichen willst, oder
● ein Wunsch, dem du nachgehen möchtest.

Probleme stellen sich dir im Privatleben und in allen Unterrichtsfächern. Da im letzten Kapitel die sprachlichen und gesellschaftswissenschaftlichen Fächer im Mittelpunkt standen, wirst du in diesem Kapitel vorwiegend Beispiele mathematischer und naturwissenschaftlicher Art finden. Die beschriebenen Vorgehensweisen kannst du aber auch bei Alltagsproblemen anwenden.

Problemlös

Probleme darstellen

Wenn dein CD-Player kaputt ist und du ihn zur Reparatur gibst, gibt es ein Problem: Einen defekten CD-Player, der repariert werden muss. Aber wie? Das Problem ist für den Elektriker viel zu allgemein, als dass er es sofort lösen könnte. Ist das Laufwerk defekt oder der Laser? Oder ist vielleicht nur ein Kabel locker oder ein Widerstand durchgeschmort? Man sagt, er muss das Problem zunächst darstellen. Dazu gehört:

- den Überblick behalten,
- alle Fakten beschaffen und
- Überflüssiges weglassen.

Eine gute Darstellung des Problems nach diesem Muster ist bereits die halbe Lösung. Probier's aus!

Aufgabe

Befestige eine Kerze an der Wand. Du darfst folgende Hilfsmittel verwenden: eine Kerze, einen Bindfaden, Reißzwecken und eine Schachtel Streichhölzer.

Tipp: Visualisiere dein Problem

Ein Problem visualisieren heißt, sich ein Bild von der Situation zu machen. Insbesondere bei Textaufgaben in Mathe ist diese Vorgehensweise sehr sinnvoll. Das folgende Beispiel zeigt dies eindrucksvoll:

Ein Mönch macht sich auf den Weg in ein Kloster, das auf dem Gipfel eines Berges gelegen ist. Er startet bei Sonnenaufgang und erklimmt den Berg entlang eines Pfades, der sich spiralförmig um den Berg windet. Weil das alles sehr anstrengend ist, macht er oft eine Pause und kommt erst spät abends oben an.

Sieben Tage später tritt er den Rückweg an. Er startet wieder bei Sonnenaufgang und steigt den Berg entlang desselben Pfades ab, allerdings ist er wesentlich schneller als beim Aufstieg.

Gibt es einen Punkt auf der Strecke, den der Mönch exakt zur gleichen Tageszeit passiert?

Lösung:

Die Lösung lautet: Ja, es gibt einen solchen Punkt! Wenn du das Problem visualisierst, kommst du sehr leicht dahinter. Überlappe die Wege in deinem Kopf! Stelle dir einen zweiten Mönch vor, der zur gleichen Zeit den Abstieg beginnt wie der untere seinen Aufstieg. Beide werden sich im Laufe des Tages mit Sicherheit begegnen.

Strategien

zum Problemlösen

Wenn du dein Problem definiert und visualisiert hast, geht
es darum, es auf möglichst einfache und anschauliche
Weise zu lösen. Dabei kannst du eine der drei folgenden
Strategien anwenden:

Versuch und Irrtum

Die erste Strategie ist, keine Strategie zu haben. Immer,
wenn du eine Sachlage nicht überblickst und daher keine
Ahnung hast, wie du vorgehen sollst, solltest du einfach
irgendwie anfangen. Wenn es auf die eine Art nicht funktioniert, versuch es auf eine andere.

Dieses Vorgehen ist immer noch besser als aufzugeben,
nur weil du nicht auf Anhieb einen Lösungsplan im Kopf
hast. Versuch's mal:

Übung

Lege von den abgebildeten Zündhölzern zwei so um, dass
anschließend sechs Quadrate zu sehen sind.

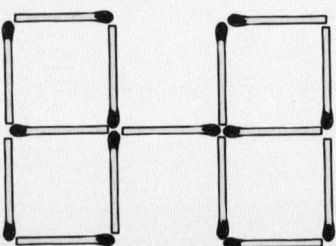

Aus 1 mach viele

Auch diese Strategie wird von spontanen Menschen ange-
wendet, die nicht lange fackeln, sondern einfach loslegen.
Der Unterschied zu „Versuch und Irrtum" besteht darin,
dass du an deiner ersten Idee festhältst, auch wenn du
nicht gleich eine Lösung findest. Dabei ergeben sich aus
einem großen Problem meist mehrere Teilprobleme oder
neue Probleme, deren Lösungen insgesamt die Lösung des
großen Problems darstellen.

Beispiel:

Ein Fünftklässler, der noch nicht mit Kommastellen rechnen
kann, bekommt die folgende Aufgabe gestellt:

*Der Trickfilm „South Park: Bigger, Larger & Uncut" dauert
78 Minuten und enthält 520 Flüche und beleidigende
Gesten. Wie lange dauert es, bis man etwas Anstößiges
zu sehen oder zu hören bekommt?*

Der Junge erkennt, dass er dividieren muss und beginnt:

$78 : 520 = ?$

Er sieht, dass es für ihn so nicht funktioniert.

Das Teilproblem ist nun: Wie kann er das Rechnen mit
Kommas vermeiden? – Er erkennt, dass er die Sekunden
in Minuten umrechnen muss.

Das nächste Teilproblem ist damit: Wie muss er die Zeitan-
gabe umrechnen? usw.

Seine erste Idee behält er bei, muss aber auf dem Weg
zum Ziel mehrere Teilprobleme lösen.

Vom Ziel zum Start

Diese dritte Strategie zeichnet sich dadurch aus, dass du nicht gleich loslegst, sondern noch *vor* dem eigentlichen Handeln „dein Gehirn einschaltest". Du erarbeitest deine Teilprobleme schon im Vorfeld. Vom Ziel zum Start vorzugehen eignet sich vor allem, um mathematische – insbesondere geometrische – Probleme wie das folgende zu lösen:

Beispiel:
Beweise, dass die Strecken AD und BC im Rechteck ABCD gleich lang sind.

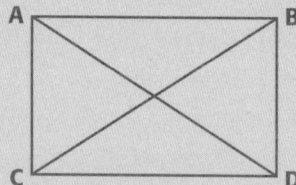

Deine Überlegungen „vom Ziel zum Start" könnten wie folgt aussehen: Ich hätte gezeigt, dass AD gleich lang ist wie BC, wenn ich beweisen könnte, dass das Dreieck ACD deckungsgleich mit dem Dreieck BCD ist. Dies wäre der Fall, wenn ich beweisen könnte, dass je zwei Seiten der Dreiecke und der davon eingeschlossene Winkel gleich sind. Das ist aber nach Voraussetzung so, da es sich um ein Rechteck handelt. Diese Gedanken in umgekehrter Reihenfolge zu Papier gebracht, sind die Lösung des Problems.

Kreativ konstruieren

Ob bei schulischen Projekten, im Physikunterricht oder in deiner Freizeit, häufig musst du bauen, basteln oder konstruieren, um Probleme zu lösen und kreativ zu sein. Da diese Tätigkeiten auch in der Wirtschaftswelt eine große Rolle spielen, sind dort in den letzten Jahrzehnten zahlreiche Kreativitätstechniken entwickelt worden, von denen ich dir nun einige vorstellen möchte.

Hilfreiche Technik — Die MacGyver-Technik

Kennst du MacGyver, das TV-Ereignis aus den 80ern? Mac Gyver baute aus einem Feuerzeug und einem Spiegel einen Laser und schweißte damit ein Türschloss auf. Respekt! Auch Peter Lustig von „Löwenzahn" hat für seinen Bauwagen Alltagsgegenstände zweckentfremdet, um Neues zu konstruieren: Die Stühle als Treppe zum Dach oder Kerzenständer als Kleiderhaken. Kreativer kann man kaum sein, denn all diese Gegenstände sind neu, nützlich und zudem billig.

Aufgabe

Überlege dir, wie du dein Zimmer im Sinne von MacGyver oder Peter Lustig verschönern könntest.

Hilfreiche Technik — Bionik

Eine etwas ernsthaftere Technik ist die Bionik. Hier wird die Natur zum Vorbild genommen, um kreative Produkte zu schaffen. So sorgte die Klette für den Klettverschluss und die Struktur der sechseckigen Bienenwaben für stabile und leichte Bauformen.

Wenn du z.B. im Rahmen eines Physikprojekts einen Segelflieger bauen sollst, helfen dir Informationen über Form und Gewichtsverteilung von Gleitvögeln sicher weiter. Halte also die Augen offen und schau der Natur möglichst viel ab!

Hilfreiche Technik   Mentale Provokation

Auf der Suche nach der richtigen Vorgehensweise hilft es oft, die Gedanken zunächst in die falsche Richtung zu lenken, um dann genau das Gegenteil zu tun.

Frag dich daher, was du tun kannst, damit dein Vorhaben so richtig in die Hose geht!

Wie bekommst du deinen Segelflieger möglichst schnell zum Absturz? Was kannst du tun, um deine Lehrer auf die Palme zu bringen? Tu das Gegenteil und hab Erfolg!

Hilfreiche Technik   Denkhüte

Der VW Golf ist seit Jahrzehnten das meistverkaufte Auto. Es weckt zwar nicht so viele Emotionen wie ein Porsche, erfüllt aber die Anforderungen, die viele Menschen an ein Auto haben. Du kannst solche kreativen Produkte erzielen, wenn du möglichst viele Argumente unter einen Hut bringst. Setze dir nacheinander die verschiedenen Hüte auf und nimm damit unterschiedliche Rollen ein:

● Der *weiße Hut* steht für Fakten. Unter ihm werden Informationen gesammelt und aufgearbeitet.
● Der *rote Hut* steht für Emotionen. Dieser Porsche unter den Hüten sorgt dafür, dass gesagt wird, was begeistert.
● Der *schwarze Hut* bringt dich wieder auf den Boden. Er lässt dich Bedenken äußern und Kritik üben.
● Der *grüne Hut* steht für fruchtbares Wachstum. Unter ihm versuchst du stets, nur neue Ansätze zu liefern.

Besonders viel Spaß macht diese Technik im Team, wenn alle Hüte gleichzeitig aktiv sind und immer wieder gewechselt werden. Für die hitzige Diskussion, die dann entsteht, sollte aber auch ein *blauer Hut* im Spiel sein, der über allen schwebt, die Übersicht behält und lenkend eingreift.

Zusammenfassung

● Um kreativ Probleme zu lösen, musst du dein Problem zunächst darstellen. Dazu gehört, das Problem einzukreisen und es dann zu visualisieren.
● Beim Problemlösen kannst du verschiedene Strategien verfolgen: Versuch & Irrtum, Teilprobleme definieren oder vom Ziel zum Start arbeiten.
● Zahlreiche Kreativitätstechniken wie die McGyver-Technik, die Bionik, mentale Provokation oder das Aufsetzen von Denkhüten helfen dir, eine kreative Lösung für dein Problem zu finden.

Seite 27/28

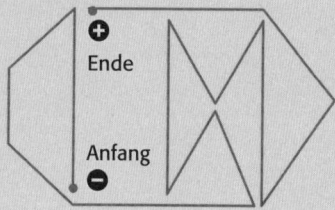

Seite 32

Die einfachste Möglichkeit ist, Wasser in das Rohr zu gießen und den Ball herauszuschwemmen.

Seite 34

offen + Bach = Offenbach; Dach + Au = Dachau; Zucker + Hut = Zuckerhut; Kaiser + Stuhl = Kaiserstuhl; Mann + Heim = Mannheim; Herbst + Zeit + Lose = Herbstzeitlose

Seite 52

Der Trick besteht darin, das Überflüssige wegzulassen. Befestige die leere Streichholzschachtel mit Reißzwecken an der Wand, lass Wachs darauf tröpfeln und stell die Kerze darauf.

Seite 54

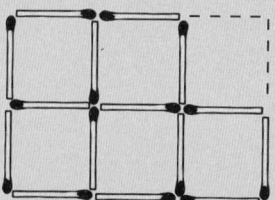

Empfehlenswerte Bücher

Atkinson, Rita L. u.a.:
Hilgard's Introduction to Psychology
Stamford: Thomson Learning 2000

Gemmer, Björn & Sauer, Christiane & Konnertz, Dirk:
Mind Mapping – fit in 30 Minuten
Offenbach: GABAL Verlag 2001

Knieß, Michael:
Kreatives Arbeiten
München: Verlag C.H. Beck im dtv 1995

Konnertz, Dirk & Sauer, Christiane:
Fit für die Zukunft
Bayreuth: Schmidt Verlag 1999

Nöllke, Matthias:
Kreativitätstechniken
Planegg: STS-Verlag 2001

Kennst du schon die anderen Bücher

aus der Reihe „Kids auf der Überholspur"?

GABAL Verlag
Schumannstraße 161 · 63069 Offenbach
Tel: (0 69) 84 00 03 - 0 · Fax: (0 69) 84 00 03 - 40
E-Mail: verlag@juenger.de